WissensDrehScheibe

Anleitung zur Anwendung der Großgruppenmethode
für Moderatoren und Führungskräfte

I0470628

Gebhard Borck

Copyright © 2013 edition sinnvoll·wirtschaften

All rights reserved.

Lektorat: Erik Kinting www.buchlektorat.net

ISBN: 1492818933
ISBN-13: 978-1492818939

Inhalt

Hinweis

Für eine bessere Lesbarkeit wurde darauf verzichtet, den Text geschlechtsneutral zu verfassen.

ÜBER DEN AUTOR

Gebhard Borck, Jahrgang 1971, ist Autor, Berater und Unternehmer. Seit über einem Jahrzehnt arbeitet er im internationalen Projektmanagement von Großunternehmen und begleitet kleine sowie Mittelständische Firmen dabei zeitgemäße, menschliche Führungskulturen zu entwickeln und zu etablieren.

Für diese Arbeit hat Borck bereits mehrere eigene Methoden erfunden und setzt diese gemeinsam mit seinen Netzwerkpartnern erfolgreich in seiner Arbeit ein. Anstatt für das Bücherregal zu entwickeln, entstehen seine Werkzeuge im täglichen Tun. Sie sind gleichermaßen Spiegel seiner Erfahrungen und Kompetenz, wie auch der Herausforderungen, denen sich seine Kunden im Rahmen seiner Begleitung gestellt haben.

Im Jahr 2004 hat Gebhard Borck den Begriff *Sinnkopplung* für sein Arbeiten geprägt. Er ist überzeugt: *Wer sinngekoppelt arbeitet, bringt seine beste Leistung - Punkt!*
Dieser Überzeugung folgend, unternimmt er Wirtschaft mit dem Ziel, mehr Menschen ihre eigene Sinnkopplung zu ermöglichen.

Seine Kunden und Partner gewinnen in Borck einen offenen und konstruktiv kritischen Geist, der kein Blatt vor den Mund nimmt und verlässlich da bleibt, auch wenn es schwierig wird.

ÜBERBLICK

Ziel:

Wissen in Gruppen zeitgleich generieren, austauschen und bewerten, um qualitativ bessere Entscheidungen zu komplexen Themen zu treffen.

Nutzen:

- Kommunikationszeit verkürzen

- Know-how-Transfer

- höhere Entscheidungsqualität

- methodische Innovation

- reduzierter Aufwand für Schnittstellenmanagement

- Veränderung beschleunigen

- Konfliktmanagement

- Gemeinschaft aufbauen / stärken

- vorhandenes Wissen offenlegen und nutzbar machen

Methode in aller Kürze:

Die Wissensdrehscheibe hat Eventcharakter. Die Methode ist geprägt von zwei zentralen Wirkmechanismen:

1. Alle Teilnehmer durchlaufen die WDS aus drei unterschiedlichen Perspektiven.

2. Sie reflektieren anschließend gemeinsam die Zwischenergebnisse.

Die Methode öffnet so gefestigte Denkstrukturen und richtet den Blick auf gemeinsame Lösungen. Sie bereitet Entscheidungsalternativen vor und festigt die Gemeinschaft für die anschließende Umsetzung der Lösungen.

Anwendungsrahmen:

- Die Mitarbeiter ins Boot holen.

- Gemeinsame Entscheidungsvorbereitung/ -findung

- Aktive Zusammenarbeit über Schnittstellen und Abteilungsgrenzen hinweg

Rahmendaten:

- Dauer:
  von 2,5 Stunden bis zu 2,5 Tagen

- Teilnehmerzahl:
  ab 12 bis ca. 500 (optimal für 18 bis 63)

- Vorbereitung:
  Ausführliche Vorbereitungen sind zu treffen.

- externe Moderation: Anwendungsabhängig empfohlen

Setting — Stuhlkreise

Das Setting der Wissensdrehscheibe baut sich wie ein kleines Amphitheater mit einem Zirkel und zwei Rängen auf. Ein solches Setting wird in der Methode weiterhin als *Kreis* bezeichnet In jedem Kreis finden maximal 21 Personen Platz. Diese Größe bezieht sich auf Erfahrungen aus der Arbeit mit Kleingruppen.

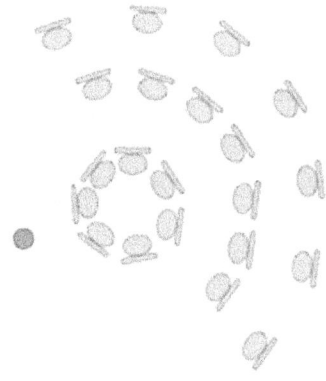

Fügt man weitere Kreise hinzu, können entsprechend mehr Teilnehmer an der Methode partizipieren. Jeder Kreis wird von einem Moderator unterstützt.

BEGRIFFE

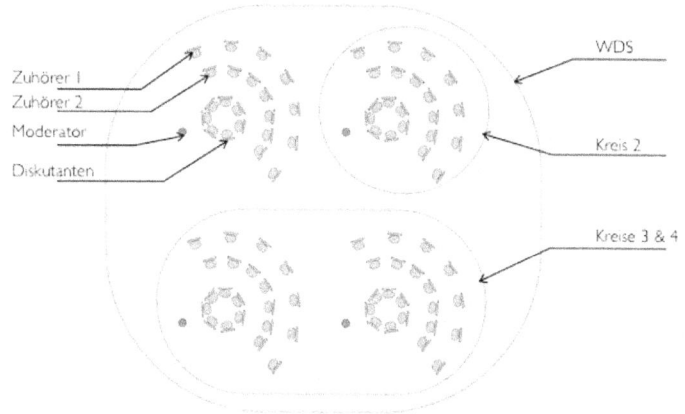

WissensDrehScheibe (WDS)

Die WDS umfasst einen abgeschlossenen Mischvorgang. Sie ist zu Ende, wenn alle Runden durchlaufen sind; sprich, wenn alle Akteure alle Aufgaben erfüllt und alle Perspektiven eingenommen haben.

Eine WDS dauert je nach Teilnehmer- und Themenzahl bis zu einem Tag. Eine Wissenskonferenz kann mit mehreren aufeinanderfolgenden WDS gestaltet werden.

Akteure

Akteure sind die Teilnehmer, die einen Fahrplan erhalten. Sie bilden die kleinste Einheit im Setting der Methode, und werden im Verlauf der WDS wiederholt durchgemischt.

Je nach Gestaltung kann es auch reine Zuhörer geben, diese werden dann nicht als Akteure verstanden.

Akteure richten sich in der Abfolge der WDS nach ihren individuellen Fahrplänen. Diese sind derart erarbeitet, dass alle Akteure alle Aufgaben zu jedem Thema in den verschiedenen Stuhlkreisen mit unterschiedlichsten anderen Akteuren erleben werden. Dadurch wird verhindert, dass sich innerhalb der WDS feste kleine Gruppen bilden, soweit möglich.

Aufgabe

Akteure nehmen innerhalb der Kreise unterschiedliche Aufgaben wahr. Grundsätzlich gibt es zwei Aufgaben: diskutieren und zuhören.

Die Zuhörer sind nochmals in zwei unterschiedliche Perspektiven aufgeteilt, sodass sich eine Drittelung der Akteure in drei Aufgaben ergibt.

Das erste Drittel diskutiert, das zweite Drittel hat als Zuhörer z.B. auf Probleme in der Diskussion zu achten, während die übrigen Akteure auf Lösungen in der Diskussion achtet.

In jedem Kreis gibt es demnach drei Aufgaben. Jeder Aufgabe sind wiederum zwischen 3 und 7 Akteure zugeordnet.

Kreis

Aus den 3 Aufgaben ergibt sich die dem Amphitheater ähnliche Aufstellung der Stühle pro Kreis. In einem Kreis finden sich maximal 21 Akteure zusammen, um ein Thema zu diskutieren und wahrzunehmen. Besteht die Gruppe aus mehr Teilnehmern, wird sie auf zwei oder mehr Kreise verteilt.

Jeder Kreis wird in einem abgetrennten Raum aufgebaut.

Pro Kreis ist mindestens ein Moderator erforderlich, der die Akteure durch die Runden begleitet. Ab zwei Kreisen ist es zudem empfehlenswert, mindestens einen allgemeinen Ansprechpartner außerhalb der Räume zu haben, der die Zeiten, Durchmischung etc. im Verlauf der WDS abstimmt und Ansprechpartner für die Akteure ist.

Zu jedem Kreis gehört neben den Stühlen:

- ein Barhocker für den Moderator

- ein Kurzzeitmesser für das Beenden der Diskussionszeit

- ein Flipchart

- unterschiedlich farbige Flipchartstifte für die verschiedenen Perspektiven, die die zuhörenden Akteure im Verlauf der WDS einnehmen

- eine Metaplan-Pinnwand pro zu bearbeitendem Thema

- Ein Beistelltisch, auf dem die Formulare der Zuhörer ausgelegt sind.

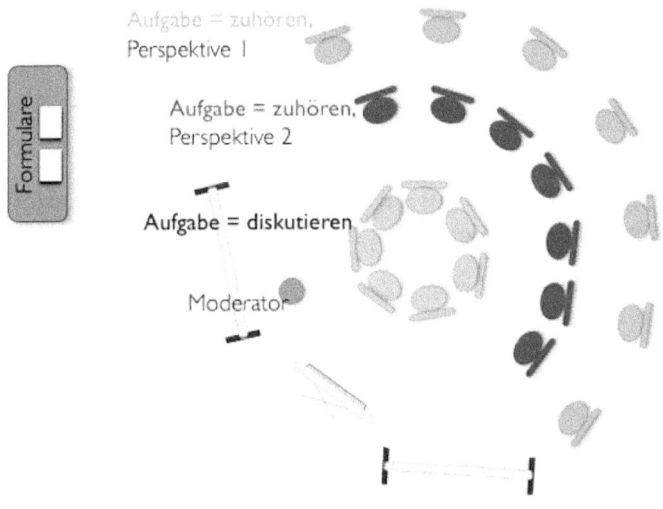

Thema

Kern der WDS sind Themenstellungen, die für die Akteure als Gruppe interessant und wichtig sind. Jeder Akteur sollte dabei von den behandelten Themenstellungen betroffen sein und ein persönliches Interesse haben, an Lösungen mitzuwirken.

Die Themenstellungen können im Vorfeld zur WDS feststehen oder z.B. mit der Methode *Themenhitliste* direkt vor Durchführung der WDS bestimmt werden.

Aus der Kombination des Themas — mit dem Ziel der WDS, Entscheidungen zu treffen — ergeben sich die Perspektiven, der Fokus für die Zuhörer:

- Handlungswissen generieren

- vorhandenes Wissen transferieren

- das vorhandene Know-how bewerten

Sobald man 2 Kreise hat, können auch 2 Themenstellungen parallel behandelt werden. Bei 3 Kreisen sind 3 Themenstellungen parallel möglich usw.

Beispiele für Themenstellungen, die mit einer WDS erfolgreich bearbeitet wurden:

- Zusammenarbeit in einer dezentralisierten Organisationsstruktur

- (Internationales) Projekt-Kickoff

- Optimierung der Zusammenarbeit zwischen Vertriebsaußen- und -innendienst

- Führungskultur-Transformation

- Marktorientierte Produktentwicklung/-innovation

- Vergütungssysteme

Perspektive / Fokus

Die Perspektiven ergeben sich aus den gewählten Themen sowie den Zielsetzungen der WDS. Um Handlungswissen zu generieren, sind beispielsweise die Perspektiven *Probleme* und *Lösungen* hilfreich. Um sich besser zu verstehen, oder für eine anschließende SWOT-Analyse, können die Perspektiven *Außen* und *Innen* hilfreich sein.

Perspektiven sind idealerweise gegensätzlich und einfach zu verstehen. Die Perspektive kann dem Akteur durch ergänzende Fragen, wie etwa: *Welche Probleme nennen die Diskutanten in Ihrem Gespräch?* unterstützt werden.

Erlaubt die Gruppengröße zwei Kreise, können mehr Perspektiven eingenommen werden. Dies kann vor allem für eine Wissensgenerierung hilfreich sein.

Jeder zuhörende Akteur erhält ein Formular, auf dem er die Punkte, die ihm in der Diskussion auffallen, notieren kann. Das Formular hilft den Zuhörern außerdem dabei, nicht den Fokus zu verlieren.

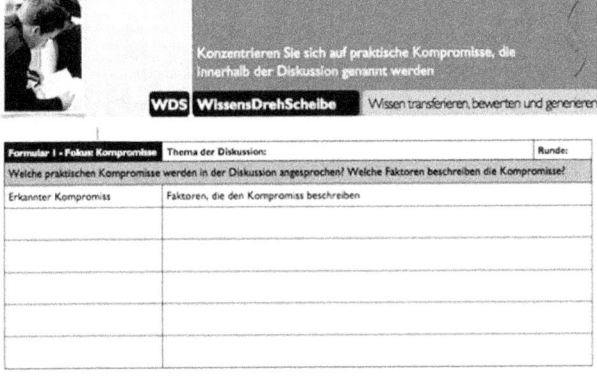

Gruppe

Eine Gruppe sind alle Akteure, und je nach Setting die stillen Zeugen (reine Zuhörer).

Runde

Eine Runde beschreibt die Zeit zwischen zwei Wechseln. Im Verlauf der WDS werden die Akteure immer wieder durchmischt, um aktiv zu verhindern, dass sich feste Kleingruppen bilden. Eine Runde teilt sich in zwei Phasen:

- In der ersten Phase besprechen die Diskutanten das Thema. Die übrigen Akteure hören zu und berücksichtigen ihre jeweilige Perspektive. Der Moderator achtet in dieser Phase darauf, dass keiner der Zuhörenden in die Diskussion eingreift. Zudem greift er unter bestimmten Voraussetzungen selbst in die Diskussion ein.

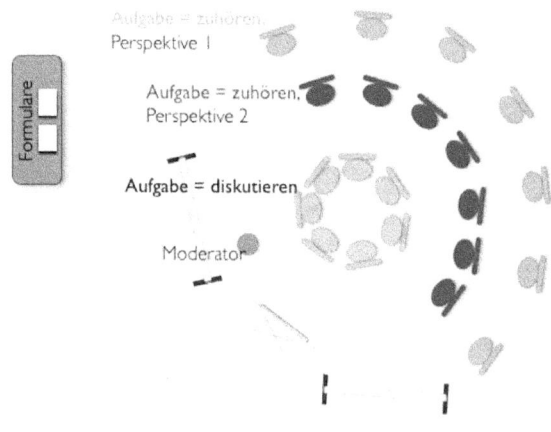

- In der zweiten Phase geben die Zuhörer zu den diskutierten Inhalten Feedback. Der Moderator dokumentiert dieses Feedback, um es in der nächsten Runde als Einstiegspunkt für die Diskussion zu nutzen und für die weitere Bearbeitung der Themenstellungen nach der WDS.

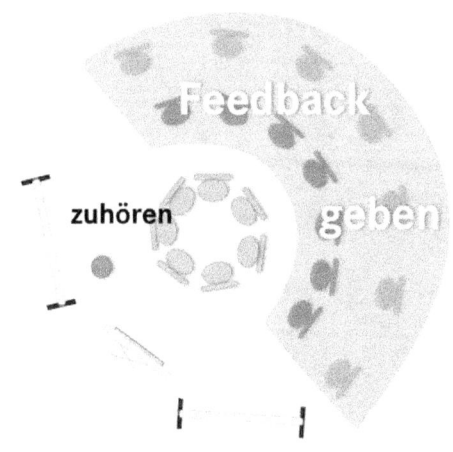

Wenn beide Phasen der Runde abgeschlossen sind, verteilt sich die Gruppe neu auf die Kreise und Aufgaben. Die Akteure **tauschen**.

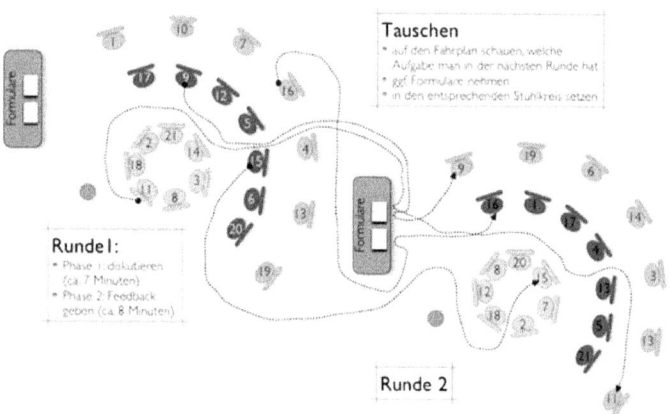

Fahrplan

Jeder Akteur erhält einen individuellen Fahrplan der aufzeigt, in welcher Runde er welche Aufgabe hat. Der Fahrplan stellt sicher, dass eine zufällige Durchmischung der Gruppe erreicht wird und hilft den Akteuren dabei. sich zu orientieren.

Beispiel:

In diesem Beispiel werden zwei Themen jeweils mit denselben Perspektiven (Risiko & Lösungen) in der WDS bearbeitet. Die WDS geht über 6 Runden. Es haben 42 Akteure teilgenommen.

Zum besseren Verständnis hier der Fahrplan eines anderen Akteurs:

Das Thema definiert zugleich den Kreis, in dem der jeweilige Akteur an den Runden teilgenommen hat.

Mischung

Die Mischung sind die einzelnen Stationen (Aufgaben, Kreise, Perspektiven), die alle Akteure von Beginn bis Ende einer WDS durchlaufen. In der Abbildung sieht man einen Tauschvorgang zwischen zwei Runden. Je nach Anzahl der Akteure und Themen können eine Vielzahl solcher Tauschvorgänge stattfinden, bevor die Mischung vollständig durchgelaufen ist.

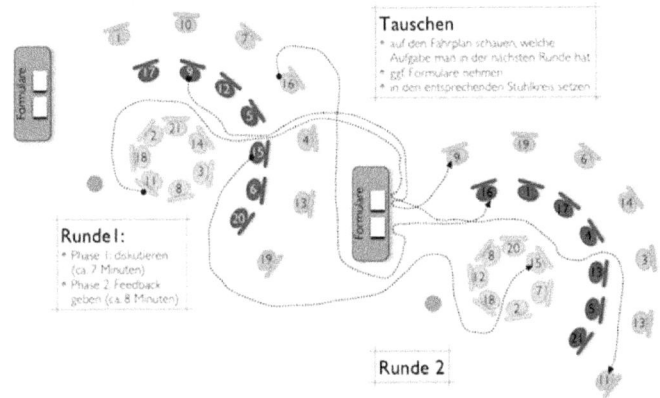

Es gibt eine Standardmischung für eine Gruppe von 12 bis 21 Akteuren mit den Perspektiven *Probleme* und *Lösungen*. Für alle anderen Designs wird die Mischung in Abhängigkeit der Anzahl der Akteure und Perspektiven für jede Wissensdrehscheibe speziell kalkuliert. Diese individuelle Berechnung gewährleistet die Durchmischung der Gruppe, ohne dass ein Akteur zweimal dieselbe Aufgabe hat, gehäuft denselben anderen Akteuren begegnet bzw. an einer Runde nicht teilnimmt.

Die Standardmischung stellen wir Ihnen gerne als Word-Dokument zu, wenn Sie uns eine Email oder einen Brief mit der Kopie Ihrer Rechnung / Ihres Kaufbelegs für dieses E-Book zusenden.

Für die individuelle Kalkulation der Mischung verwenden wir eine von uns entwickelte Excel-Applikation. Sie kann unabhängig von dieser Anleitung bei uns für 49,90 Euro inkl. MWSt. erworben werden.

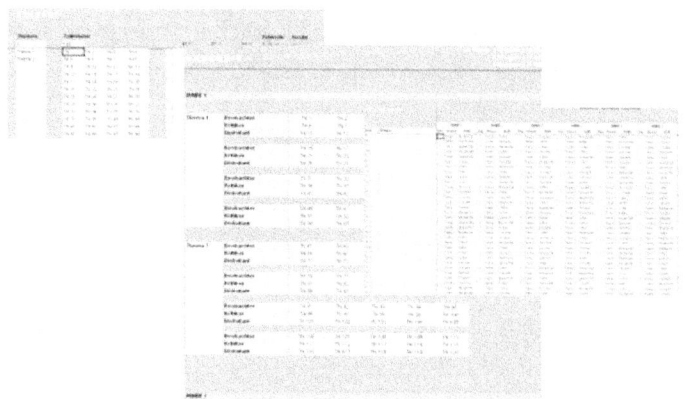

Für 59,90 Euro inkl. MWSt. erhalten Sie zusätzlich:

- Eine Serienbriefvorlage (Word-Format), die Sie auf Ihr Layout anpassen und zur Erstellung der Fahrpläne nutzen können.

- Ein digitales Template (Word- oder Mac-Pages-Format) für die Formulare der Zuhörer.

- Ein digitales Template (PowerPoint- oder Mac-Keynotes-Format) für die Dokumentation der Ergebnisse.

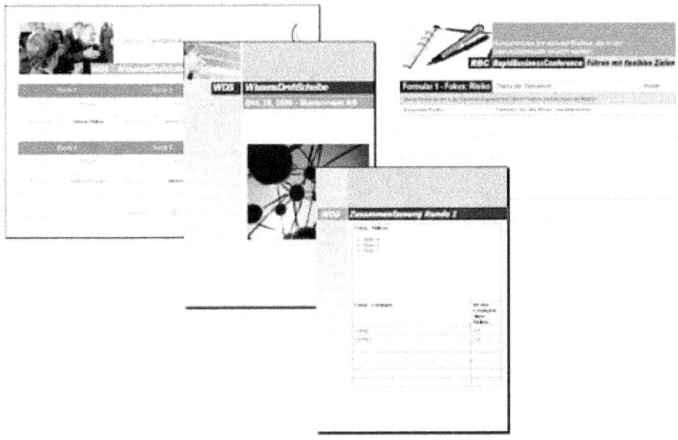

Senden Sie bei Interesse eine formlose Mail mit Angabe der Ausführung (nur Mischung oder Mischung mit Serienbriefvorlage), der Rechnungsadresse sowie Ihrer Mailadresse, an die wir das Paket versenden sollen, an info@gb-komm.de. Wir senden Ihnen dann eine PayPal-Zahlungsanfrage sowie die Rechnung mit den Kontodaten zu. Innerhalb von 24 Stunden nach dem Zahlungseingang erhalten Sie die Dateien.

Natürlich kann die WDS auch ohne eine entsprechend aufwändige Kalkulation der Mischung durchgeführt werden. Die Erfahrung zeigt allerdings, dass sich bei einem solchen Design informelle Gruppen (Seilschaften) nicht auflösen und viele Wahrnehmungen, Meinungen und auch Wissen der Akteure innerhalb der bekannten Verhaltens- und Beziehungsstrukturen verharren und verborgen bleiben.

EINE WISSENSDREHSCHEIBE DURCHFÜHREN

Eine WDS wird in drei Schritten umgesetzt:

- **Vorbereiten**

  - Erarbeiten der möglichen Themenstellungen und ggf. Unterthemen.

  - Ausformulierung der Thesen für den Diskussionseinstieg in der ersten Runde.

  - Fokus/Aufgaben: Festlegen, auf was die Zuhörer in der jeweiligen Rolle achten.

  - Flipcharts: Schlagwörter, die die Themen unterstützen auf Flipcharts/ Metaplanwänden vorbereiten.

  - Formulare: Die Formulare für die Zuhörer vorbereiten / in ausreichender Anzahl erstellen.

  - Fahrpläne: Die Fahrpläne für alle Akteure erstellen.

  - Räume und Material: Ausreichend Räume für die Anzahl der Kreise in ausreichender Größe mit den entsprechenden Materialien (Metaplanwände, Pinnwände, Flipcharts, Moderationskoffer etc.) reservieren.

- **Durchführen**

  - Einführung der Teilnehmer in die Begriffe und die Umsetzung der WissensDrehScheibe:

    - Rollen

    - Verlauf der WDS in Runden

  - Aufgaben der Moderation:

    - Während der Diskussion

    - nach der Diskussion

    - am Ende der Runde

- **Dokumentieren**

Vorbereitung

Damit eine WDS durchgeführt werden kann, sind verschiedene Vorbereitungen zu treffen. Anhand eines Wohnprojektes in Wien, das mit einer Wissensdrehscheibe begleitet wurde, ist die Umsetzung einer WDS beispielhaft beschrieben.

Die Vorbereitungen können teilweise im Rahmen eines E-vents (siehe Formate) direkt im Vorfeld der WDS mit den Akteuren durchgeführt werden.

Wichtig ist, dass in die Vorbereitungen der maßgebliche zeitliche Aufwand der WDS fließt. Sowohl das Thema, wie auch die Unterthemen und Thesen sind entweder sorgfältig vorzubereiten oder die Auswahl der Themen und die Didaktik, wie die Gruppe zu diesen Punkten kommt, ist mit viel Ruhe und mehrfachen Reflexionsschleifen durchzuführen.

Die Vorbereitung erfordert eine enge Abstimmung zwischen den Moderatoren und der Führung, da hier (Denk- und Handlungs-) Grenzen in der Gruppe geöffnet werden können, die später durch die Führung nicht mehr einzuschränken sind.

Fazit: Nehmen Sie sich Zeit und Muse für die Vorbereitung!

Thema

Es ist ein übergreifendes Thema zu benennen. Das Thema bildet den maximalen Rahmen und zugleich eine Grundausrichtung für die Diskussionsinhalte der WDS. Je konkreter das Thema gewählt ist, desto enger der mögliche Diskussions- und Erkenntnisraum. Je offener das Thema, desto mehr Raum entsteht für unterschiedliche Aspekte und Ausprägungen.

Thema	Risiken	Chancen
eng	• wenig dynamische Diskussionsrunden • verharren in den bekannten Denkstrukturen • lustlose Teilnehmer • Langeweile	• klare, praktisch direkt umsetzbare Ideen • gutes Verständnis für das Thema bei allen Teilnehmer • gemäßigtes Durchmengen der bekannten Denkstrukturen
weit	• sehr emotionale Diskussionsbeiträge • angegriffene (thematisch wie psychisch) Teilnehmer • Eklat • die Führung ist mit dem Feedback der Gruppe überfordert	• Tabubrüche und eröffnete neue Denkmuster • Wissens- und Haltungsaustausch • bisher ungehörte Stimmen bekommen Aufmerksamkeit • Grundsteine für neue Seilschaften können entstehen

Weiter gefasste Themenstellungen fordern vom Moderator mehr Erfahrung im Umgang auch mit emotionalen Gruppensituationen. Für Anfänger ist es deshalb sicherlich ratsam, das Thema nicht zu offen zu wählen.

Für unser Beispiel, das Wohnprojekt, wurde ein recht offenes Thema gewählt: *Gut zusammen leben innerhalb des Wohnprojekts.*

Unterthemen

Um den Teilnehmern eine Stütze zu geben und auch um den Diskussionsrahmen konkreter zu fassen, werden zum Thema noch Unterthemen benannt. Es ist durchaus hilfreich, dass in diesen Unterthemen auch ein Zielkonflikt ausgedrückt wird. In Unternehmen beispielsweise der Zielkonflikt zwischen Qualität und Kostenreduktion oder zwischen Sicherheit und Profit.
Unterthemen, die sich in dieser Art vielleicht sogar widersprechen, halten uns wach und machen uns geistig mobil.

Für die Unterthemen gelten ähnliche Risiken und Chancen, wie beim Thema selbst. Es können durchaus mehr Unterthemen angeboten werden, als man später diskutieren kann. Dann ist zwischen der Nennung der Unterthemen und den Diskussionsrunden noch ein weiterer Schritt erforderlich, in dem man sich auf die Unterthemen reduziert, die auch in der möglichen Anzahl der Runden diskutiert werden können.

Anmerkung: Auch wenn man die Unterthemen einschränkt, ist das nur ein Orientierungspunkt, den man den Diskussionen gibt. Aufgrund des Charakters der Diskussion werden in der WDS dennoch alle für die Gruppe relevanten Themen zur Sprache kommen. Die Reduktion auf bestimmte Unterthemen schafft eine Priorisierung der Unterthemen innerhalb der Gruppe.

Hinweis: Meine Kollegen und ich verwenden gerne die Methode *Themenhitliste*, um die Unterthemen zu bestimmen und zugleich einzuschränken.

In unserem Beispiel wurden zwei Unterthemen formuliert:

- Kosten

- Welche Werte sind uns in unserer Gemeinschaft wichtig.

Thesen/ Flipcharts

Um den Diskussionsraum zu eröffnen und zugleich zu begrenzen, benennt man für jedes Unterthema zwei Thesen. Sie spiegeln beispielsweise extreme Haltungen zum jeweiligen Unterthema wider, die zur Diskussion anregen. Für die Thesenbildung ist es nicht entscheidend die richtige Meinung zu kennen, entscheidend ist vielmehr die Akteure sowohl sachlich wie auch emotional anzusprechen.

In unserem Beispiel lauteten die Thesen wie folgt:

Thema 1: Kosten

These 1:

„Wir teilen die gesamten entstehenden Kosten gleichmässig auf alle auf."

These 2:

„Wir verrechnen den baulichen Aufwand und die laufenden Kosten für jede Wohnung separat."

Thema 2: Welche Werte sind uns in unserer Gemeinschaft wichtig:

These 1:

„Wir wollen alles miteinander teilen und gemeinsam beschliessen."

These 2:

„Wir leben als Individuen in einer Gemeinschaft."

Für die Durchführung der WDS ist es notwendig, den Akteuren die Thesen vorzustellen. Dazu ist es hilfreich der Gruppe die Themen und die dazugehörigen Thesen, für die Einleitung in die erste Diskussionsrunde, auf einem Flipchart vorzustellen:

Aufgaben/Formulare

Sind die Thesen zu den Unterthemen formuliert, definiert man die Aufgaben für die Zuhörer. Jeder Kreis der WDS hat zwei Zuhörergruppen. Über die Definition der Aufgaben für diese Zuhörer legt man den Fokus auf die Ergebnisse, die man als Gruppe aus der WDS ableiten möchte. Es wird festgelegt, auf welche Inhalte in der Diskussionen die Zuhörer achten.

Die Punkte werden von den Zuhörern in der WDS zur weiteren Verwendung dokumentiert. Für diese Dokumentation sind Formulare zu erstellen, auf denen die zuhörenden Akteure festhalten, was ihnen im Rahmen der Diskussionsrunden entsprechend der Vorgaben aufgefallen ist.

In unserem Beispiel haben wir die Aufmerksamkeit der Zuhörer auf folgende Aspekte gelenkt:

Zu achten ist auf ...

Thema 1: Kosten:

> Zuhörer im mittleren Kreis:*Praktische Kompromisse.*

> Zuhörer im äußeren Kreis: *Was läuft alles unter Kosten und beeinflusst diese?*

Thema 2: Welche Werte sind uns in unserer Gemeinschaft wichtig:

> Zuhörer im mittleren Kreis: *Was sind unsere 'Must have'- und unsere 'No go'-Werte?*

> Zuhörer im äußeren Kreis: *Sätze, Beispiele, Metaphern die beschreiben, was wir wollen.*

Das Formular zum ersten Fokus für das Thema Kosten sah so aus:

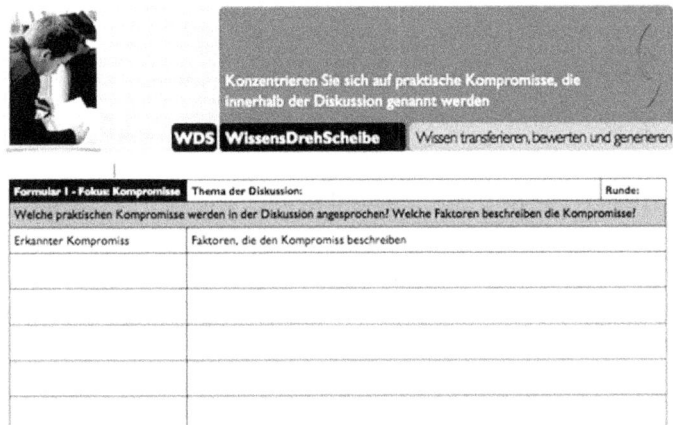

Für die weiteren Formulare wurde dasselbe Layout verwendet. Die Inhalte sind entsprechend anzupassen.

Typische Anker für die Zuhörer der Diskussion sind:

- Probleme und Lösungen
- Chancen und Risiken
- Wunsch und Ist-Situation/-Zustand
- Stärken und Schwächen

Natürlich können auch kompliziertere Anker gewählt werden. So hatten wir einmal: *Die Aussage ist mit unseren definierten Unternehmenswerten stimmig.* Je länger allerdings die Beschreibung des Ankers, umso mehr Zeit sollte in seine Erklärung einfließen. Auch sollten komplizierte Anker an gut sichtbarer Stelle im Raum für die Zuhörer dargestellt sein (bspw. mit einem Flipchart, auf einer Metaplanwand oder einem entsprechend großen Display).

Dokumentation

Am Ende einer Diskussion benennen die Akteure alle oder einige der Punkte, die sie während der Diskussion auf ihren Formularen notiert haben.

Diese Punkte werden durch den Moderator auf einem bereitstehenden leeren Flipchart dokumentiert — sie dienen als Einstieg in die nächste Diskussionsrunde.

Darüber hinaus können die Punkte auch zugleich (Moderationsassistenz) für die spätere Ergebnisdokumentation der WDS notiert werden. Dafür ist es hilfreich, für diese Dokumentation Formulare zu entwickeln, die ein/e Assistent/in während der WDS auf Papier oder direkt auf einem Laptop dokumentiert.

Hinweis: Die Dokumentation direkt auf einem Laptop hat den Vorteil, dass sie gleich im Anschluss an die WDS den Teilnehmern elektronisch oder wenig später als Hardcopy zur Verfügung steht.

Beispiele für das Layout einer WDS-Dokumentation:

Deckblatt:

Eine WDS durchführen

Inhalt:

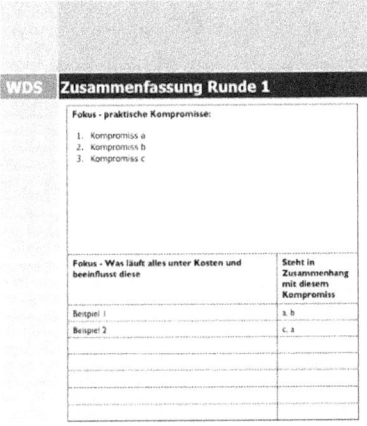

Fahrplan

Jeder Akteur erhält einen Fahrplan. Es kann sich dabei um einen persönlichen oder einen allgemeinen Fahrplan handeln. Der Fahrplan zeigt dem Akteur, welche Aufgabe er in welcher Runde der WDS hat.

Beispiel für einen Fahrplan:

Max Mustermann geht in diesem Beispiel in der ersten Runde in den Raum, in dem das Thema *Kosten* diskutiert wird. Er nimmt sich ein Formular mit dem Fokus auf *Kompromisse* und setzt sich in den mittleren Kreis auf einen freien Stuhl.

Materialien/ Ausstattung

Zur Durchführung einer WDS sind verschiedene Materialien und Ausstattungsgegenstände notwendig, andere wünschenswert. Je nachdem, wie die WDS in einen anderen Event eingebettet ist, können dazu natürlich noch weitere Materialien und Ausstattungsgegenstände hinzukommen.

Hier die Liste der wichtigsten Punkte für die WDS alleine:

Material/ Gegenstand/ Einrichtung	Pflicht	Kür
Raum - für jeden Kreis sollte ein Raum zur Verfügung stehen, der pro Teilnehmer 2,5 qm Fläche bietet (mind. 50 qm pro Kreis). Idealerweise ist der Raum quadratisch oder rund.	X	
Stühle - in jedem Raum 22 Stühle; 21 für die Akteuere, einen für en Moderator	X	
Barhocker - in jedem Raum ein Barhocker für den Moderator		X
Tisch - in jedem Raum ein Tisch für die Formulare und Stifte	X	
Uhren - jeder Moderator sollte eine Uhr tragen, die zu Beginn der WDS aufeinander abgestimmt werden		X
Assistenz - ab einem 3. Kreis sollte es eine Assistenz zwischen den Räumen geben, die die Teilnehmer zwischen den Runden koordiniert.	X	
Assistenz 2 - will man die Ergebnisse sofort nach der WDS zur Verfügung stellen, sollte es Assistenten geben, die nach jeder Runde die Ergebnisse direkt dokumentieren		X
Flipchart - 1 pro Raum/ Kreis	X	
Flipchartmarker - mindestens 2 Farben pro Flipchart; breite Stiftspitze	X	
Metaplanwand - 2 pro Raum/ Kreis	X	X
Erläuterungen - Beschreibung der Methode für die Teilnehmer zur Erläuterung im Podium	X	

Material/ Gegenstand/ Einrichtung	Pflicht	Kür
Themen-Flipcharts - eine Flipchartfolie für jedes Thema, jede These und die Dokumentation der Ergebnisse aus den Runden	X	
Fahrpläne - für jeden Teilnehmer einen Fahrplan	X	
Personalisierte Fahrpläne - Für jeden Teilnehmer einen persönlichen Fahrplan		X
Formulare - zu jedem Thema für jede Runde und jeden Teilnehmer ausreichend Formulare, um ihre gehörten Punkte zu dokumentieren	X	
Stifte - ausreichend Ersatzstifte, falls jemand keinen dabei hat	X	
Kurzzeitmesser - 1 pro Moderator	X	
Notizblock - für den Moderator, um während den Diskussionsrunden selbst etwas zu notieren		
Gong, Trillerpfeife, Wawa - um die Gruppe nach einer Pause wieder zusammenzurufen		X
Dokumentationstemplate - digitales Template für die direkte Ergebnisdokumentation		X

Hat man sich so vorbereitet, kann die WDS beginnen.

Durchführung und Dokumentation

Zu Beginn der WDS werden folgende Punkte mit der Gruppe geklärt:

- *Grob die Methode und detaillierter den Ablauf für diese Gruppe allen Akteuren vorstellen.*
  - o Jeder Akteur erhält einen Fahrplan.
  - o Im Fahrplan sind die Aufgaben festgelegt, die ein Akteur in der jeweiligen Runde wahrnimmt.
  - o Die WDS wird alles in allem X Runden/Themen haben.
  - o Folgende Themen werden in den Runden besprochen: ...
  - o Es wird in X Räumen parallel diskutiert.
  - o Jede Runde besteht aus vier Phasen:
    - Einführung durch den Moderator
    - Diskussion / fokussiertes Zuhören (6-8 Minuten)
    - Rückmeldung der Zuhörer
    - Dokumentation der Ergebnisse
  - o Jede Runde setzt auf der vorherigen auf.
  - o Jeder Teilnehmer nimmt zu jedem Thema auf jeden Fall an einer Diskussion und mindestens einmal als Zuhörerin teil.

In jedem Raum erwartet die Akteure folgende Raumaufteilung:

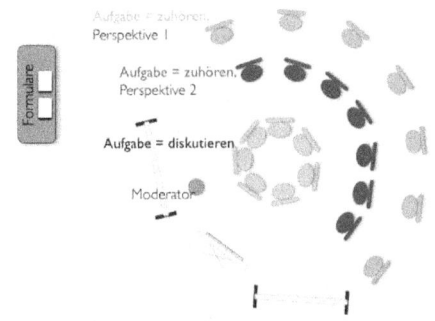

Jetzt schaut jeder Akteur auf seinem Fahrplan nach, welche Aufgabe er in der ersten Runde wahrnimmt, geht in den entsprechenden Raum, setzt sich auf einen Stuhl im entsprechenden Stuhlkreis und wartet, dass der Moderator ihn ins weitere Vorgehen einweist.

- Die Aufgaben währen der Runden und den detaillierten Ablauf erläutern

    o Sind die Akteuere in den Räumen verteilt? — Erfahrungsgemäß dauert es bis zu drei Runden bei einer ersten Durchführung der WDS, bis alle Akteuere das Vorgehen verstanden haben.

- Jeder Akteur schaut auf seine Aufgabe.
  Die Diskutanten setzten sich und warten, bis die Diskussion beginnt.
  Die Zuhörer holen sich vom Tisch die vorbereiteten Formulare, um während der Diskussion ihrer Aufgabe nachzukommen: dem Fokus entsprechend zuhören und dokumentieren.
  Der Moderator heißt die Akteure in jeder Runde erneut willkommen, weist auf die unterschiedlichen Aufgaben hin und fragt nach, ob jemand noch Unterstützung benötigt.
  Dann leitet der Moderator in die Diskussion ein.

- Der Moderator erläutert die Diskussion. In der ersten Runde starten die Diskutanten auf Basis der vorformulierten Thesen. Ab der zweiten Runde setzt man die Diskussion an dem Punkt mit neuen Akteuren fort, an dem die Akteure aus der vorherigen Runde aufgehört haben.
  Alternative: Anstatt die Runden aufeinander aufbauen zu lassen, kann man auch vorgegebene Iterationsschritte durchlaufen, wie bspw.: 1. Runde *Vergangenheit*, 2. Runde

Gegenwart, 3. Runde *Zukunft* — oder 1. Runde *Ist-Situation*, 2. Runde *Probleme im Ist*, 3. Runde *Soll-Situation*

- Vor dem Beginn der Diskussion weist der Moderator noch einmal darauf hin, dass die Diskussionszeit begrenzt ist auf X Minuten. Sobald das Signal erklingt, spricht der aktuell redende Akteur seinen Satz / seine Ausführungen noch zu Ende, dann schweigen die Diskutierenden und die Zuhörer sind an der Reihe.
Die Diskussionszeit ist abhängig von der Anzahl der Akteure und Kreise. Sie bildet den kalkulierbaren Zeitaufwand für die Durchführung der WDS und damit die Grundlage für die Gesamtrechnung der benötigten Zeit.

Kalkulation einer WDS:

Abschnitt	Zeitaufwand einzeln	Anzahl	Summe
Anzahl Themen		2	
Anzahl der Runden		6	
Erläuterung der Methode	00:20	1	00:20
Einführung in die Runde	00:10	6	01:00
Diskussion	00:07	6	00:42
Feedback Zuhörer	00:12	6	01:12
Durchmischung	00:04	5	00:20
Pausen	00:45	1	00:45
Summe			**04:19**

Hinweis: Es ist bei der Methode nicht notwendig, dass alle ausreichend Zeit zum Reden bekommen. Wichtiger ist darauf zu achten, dass alle zu Wort kommen. Das bedeutet für den Moderator, Vielredner entsprechend einzubremsen und Schweiger gezielt zu ermuntern.

Es ist für den Moderator hilfreich, auf diesen Umstand vor der Diskussion hinzuweisen. Damit holt man sich zugleich die Erlaubnis, während der Diskussion so zu handeln.

Während der Diskussion schweigen die Zuhörer! Sie beschränken sich aufs Zuhören und darauf, die Punkte die ihnen auffallen zu notieren.

Hinweis: Die Zuhörer sollen sich auf das konzentrieren, was diskutiert wird. Besonders in den ersten Runden einer WDS gelingt dies verschiedenen Zuhörern nicht. Stattdessen bringen sie eigene Punkte und Ansichten ein, die überhaupt nicht diskutiert wurden. In diesem Fall entsteht schnell eine Diskussion zwischen den Zuhörern, was nun erlaubt ist und was verboten. Alle schauen dann auf den Moderator, um die Situation zu klären.

Weisen Sie daraufhin, dass man sich als Zuhörer auf die Diskussion konzentrieren soll, und dass jeder Akteur die Gelegenheit bekommt seine Punkte in der Runde anzusprechen, in der sie/er Diskutant ist. Seien Sie dennoch tolerant mit den eingebrachten Punkten und wenn sie strittig, emotional geladen oder anderweitig wertvoll für die weitere Diskussion sind, nehmen Sie sie auf.

- Wenn die Akteure so eingewiesen sind, beginnt die Diskussion. Der Moderator stellt den Kurzzeitmesser auf die entsprechende Zeit und bittet die Diskutanten zu beginnen. In der ersten Runde gerne, indem er direkt fragt, wer etwas zu den Thesen zu sagen hat. Folgende Fragen helfen der Moderation die Diskussion anzukurbeln:
  Welche Gründe sprechen aus Ihrer Sicht für den Vorschlag / die These?
  Worin sehen Sie den Hauptvorteil?
  Wie sollten wir weiter vorgehen?
  Wo sind die Ursachen des Problems?
  Wie können wir effektiver werden?
  Was hätten Sie aus jetziger Sicht anders gemacht?
  Was würden Sie beim nächsten Mal anders machen?

Während der Diskussion sitzt der Moderator auf einer erhöhten Position (z.B. einem Barhocker) und hat einen Notizblock für Feedback / mögliche Iterationsthemen (das Gespräch der Diskutanten darf dabei nicht aus dem Fokus verloren werden). In dieser Phase sprechen nur die Diskutanten, alle anderen müssen zuhören (strikt einzuhalten!). Die Moderation leitet einen Eingriff durch nonverbales Vorgehen ein:

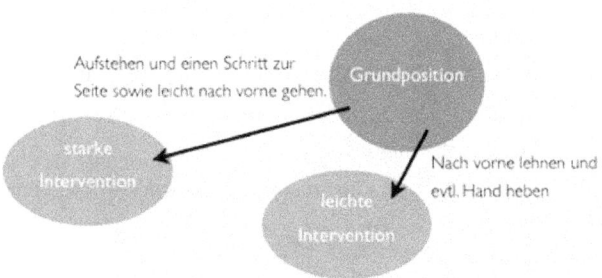

- Wenn möglich, lässt die Moderation die Gespräche der Akteure laufen. Hierzu ist es hilfreich, wenn der Kreis der Diskutanten nahezu geschlossen ist und die Moderation Blicken von Diskutanten ausweicht.
Auch wenn längere Gesprächspausen entstehen ist das kein Grund zwingend einzugreifen, nur wenn die Diskussion zu emotional wird oder ein sehr langer Monolog entsteht ist einzugreifen.

Formulierungen bei störenden Vielrednern:
Moderat: "Herr/Frau — bitte benennen Sie jetzt in aller Kürze den wichtigsten Punkt Ihres Beitrages, damit es in der Fülle des Gesagten nicht verloren geht: Was ist Ihnen das Wichtigste?"
"Herr/Frau — als Moderator habe ich natürlich auch ein Auge auf den Zeitplan. Bitte fassen Sie Ihren Beitrag in zwei abschließenden Sätzen zusammen."

Stark: "Herr/Frau — auch auf die Gefahr hin, Ihren Beitrag abzuwürgen: Jetzt sollten wir die anderen Teilnehmer zu Wort kommen lassen!"

- Nach der Diskussion geben die Zuhörer ihr Feedback zu dem eben Gehörten. Sie nutzen hierfür ihre gemachten Notizen.
Je nachdem wie die WDS zeitlich angelegt ist, ist es ratsam im Anschluss an die Diskussion die Zuhörer dazu aufzufordern, nur ihren wichtigsten Punkt / ihre wichtigsten zwei Punkte zu nennen, und von anderen Zuhörern bereits angesprochene Punkte nicht zu wiederholen.

Die Moderation fasst die wichtigsten Punkte für die nächste Gesprächsrunde zusammen, um die tiefer gehende Behandlung der Themen zu unterstützen. Wenn gewünscht, wird die Dokumentation der Moderation direkt von einer Assistenz digital dokumentiert, sodass sie im Anschluss an die WDS den Akteuren zur Verfügung steht.

Sie kann — wie oben bereits erwähnt — auch zeitliche Perspektiven nutzen und z.B. in der dritten Gesprächsrunde auf die Zukunft verweisen, in der man Lösungen braucht, und nicht mehr die Probleme in der immer gleichen Weise diskutieren möchte.

- Sind die Diskussion und das anschließende Feedback abgeschlossen, richtet die Moderation die Aufmerksamkeit der Akteure wieder auf deren Fahrplan und schickt sie in die nächste Runde zur nächsten Aufgabe.

- So werden alle Runden nacheinander moderiert. Je nachdem wozu man die WDS nutzt, kann man mit der Dokumentation später weiterarbeiten (bspw. eine SWOT-Analyse damit durchführen).

Allgemeine Hinweise zur Durchführung einer WDS:

Die Anzahl der Themen, die Sie mit einer WDS bearbeiten können, ist zum einen von Ihrer Kreativität, der Kreativität Ihrer Kunden und zum anderen von der Gruppengröße abhängig.

Bei einer Gruppengröße zwischen 12 und 21 Teilnehmern füllt man gerade einmal einen Kreis. Es ist durchaus wertvoll, in diesem einen Kreis 2 Themen abwechselnd zu bearbeiten. Dadurch dauert die WDS doppelt so lange, doch es hat sich gezeigt, dass der Wechsel zwischen den Themen neue Denkmuster und Haltungen besser unterstützt als ein kurzes Format, das nur ein Thema behandelt.

Ab 22 Teilnehmern können 2 Kreise gebildet werden. Für diesen Fall sollten auf jeden Fall auch 2 Themen bearbeitet werden. Ansonsten wird das Thema langweilig, wenn man in die achte Runde dazu geht. Zwei Gruppen bedeuten allerdings 2 Kreise und damit zumindest 5 Runden, damit jeder Akteur auch einmal die Aufgabe hatte, zu diskutieren. Jetzt werden zwar auch 6 Runden zu jedem Thema diskutiert, durch die Vielzahl der Teilnehmer ist allerdings auch gewährleistet, dass in Runde 4 und 5 nach wie vor neue Blickwinkel und frische Ideen entstehen.

Durch die Kürze der einzelnen Abschnitte in den Runden (Einführung, Diskussion, Feedback, Durchmischung) bleiben die Akteure länger aufnahmefähig und konzentriert, da sie immer nur einige Minuten wirklich aufmerksam durchhalten müssen. Dennoch ist eine WDS mit den vielen Meinungswechseln, unterschiedlichen Blickwinkeln und aufgebrochenen Gruppenstrukturen physisch, psychisch und emotional anstrengend für die Akteure. Bei einer WDS mit 2 oder mehr Kreisen sind 1 oder sogar 2 längere Pausen zu empfehlen. Zudem sollten während der Durchmischung immer Getränke und eventuell frisches Obst und Gemüse bereitstehen.

Spezielle Hinweise für die Nutzung der WDS in Organistionsentwicklungs-Situationen

Die WDS deckt Probleme und Unzulänglichkeiten auf - immer. Das ist eine zusätzliche Belastung für die Gruppe und die Führung. Es hat sich gezeigt, dass es bei größeren Gruppen höchst positive Entwicklungen gibt, wenn man die WDS am ersten Nachmittag eines zweitägig angesetzten Settings macht und am zweiten Tag in einen lösungsorientierten Modus wechselt. Sind die Menschen am Abend des ersten Tages noch durcheinander, beginnen sie den zweiten Tag mit einer *Yes-we-can-Einstellung*, die Energie weit über die WDS hinaus generiert und behält. Gestört wird diese Entwicklung, wenn die Akteure nicht alle am selben Ort zusammen übernachten und stattdessen nach Hause fahren.

In der WDS wird die Führung nicht selten *entmachtet*. Mit einer adaptiven Anpassung der Vorgehensweise nach der WDS kann dieser Moment gut aufgefangen und positiv für die Zukunft genutzt werden, indem man als Führung die Lösungen und Ideen unterstützt und gewinnend einsetzt, mit denen sich die Gruppe in der WDS identifiziert. Stimmen Sie die Führung Ihres Kunden vor der Verwendung einer WDS auf Kritikfähigkeit ein, sonst kann es sein, dass die Führung die WDS im Verlauf abbricht.

Die WDS ist ein mächtiges Werkzeug für Gruppendynamik. Die Macht entsteht dabei in der Gruppe. Der genaue Ausgang einer WDS ist ebenso unvorhersehbar, wie kaum zu steuern. Weder die Führung noch Sie als Moderator sind mit der WDS mächtig. Stattdessen werden die Akteure ermächtigt, in Gruppe zu wirken. Eine solche Gruppe, die für sich eine Identifikationsfläche geschaffen hat — mit Zielen, Aufgaben sowie einem gemeinsamen Problem- und Lösungsverständnis — ist eine Macht. Dieser der Methode immanent innewohnende Prozess macht die WDS mächtig. Sich gegen die Erkenntnisse/ Ergebnisse einer WDS zu stellen hat in allen Fällen zu einem grundlegenden Bruch in der jeweiligen Organisation geführt.

FORMATE

Man kann als Moderator mit der WDS verschiedenste Situationen in Unternehmen begleiten. Hier unterscheiden wir zwei Grundsituationen, in denen die WDS unterschiedlich wirkt:

1. Organisationsentwicklung

Die WDS wird als Werkzeug in einem größer angelegten Entwicklungsprozess eingesetzt. In diesem Szenario entwickelt die WDS ihre größte Kraft. Für diese Situationen wurde sie entwickelt.

Dazu ist zu sagen, dass alle an der Entwicklung Beteiligten den Grundwert der Gleichwertigkeit zwischen den Menschen in Unternehmen und eine ausgeprägte Aversion gegenüber klassischen Hierarchien und Machtstrukturen teilen. Deshalb ist die WDS wohl auch nur schwerlich erfolgreich in festen hierarchischen Strukturen anzuwenden. In *wirklich* offenen und toleranten Zusammenarbeitssituationen ist die WDS dafür umso wirkungsvoller und hilfreicher.

2. Events

Die WDS ist ein Werkzeug, um eine heterogene Gruppe gemeinsam über ein komplexes Thema nachdenken und sich austauschen zu lassen. Die Gruppe muss dabei nicht einmal zwangsweise derselben Organisation angehören. Die Teilnehmer verbringen in einer solchen WDS ihre Zeit sehr kurzweilig, Nutznießer ihres Wissens und ihrer Erfahrung ist der Veranstalter. Es gibt keine nennenswerte Auswirkung auf den Zusammenhalt oder Bestand der Gruppe, da sie ja von vornherein nicht zusammengehörig ist.

Hier kommt nun eine Liste von kurzen Beschreibungen zu Formaten, die wir mit der WDS begleitet haben:

Formate zu Situation 1:

Neue Führung:

Gängige Entscheidungsmethoden im Management verfehlen in der heutigen Zeit zu einem guten Teil ihre Wirkung. Die aktuellen Krisen sind dafür ein klarer Beleg. Somit erfordert es einen adäquaten Ersatz für das klassische Entscheidungsszenario, in dem eine Führung im stillen Kämmerlein die Sachen entscheidet und mit der Gießkanne implementiert. Die WDS ist eine Methode für effektive gemeinsame Entscheidungsprozesse:

Es wird zunehmend deutlich, dass ein wichtiger Erfolgsfaktor darin liegt, Entscheidungen heute mehr denn je zwischen mehreren betroffenen Personen abzustimmen.

Das Neue in der Führung ist, dass diese Abstimmung, Integration und Klärung entgegen dem üblichen Vorgehen zeitlich vor der Entscheidung stattfinden soll. Um keine Zeit in endlosen Debatten zu verschwenden gilt es, genau diesen Prozess effizient und effektiv durchzuführen.

Deshalb ist eine professionelle Kommunikation, wie mit der WDS, ein Schlüssel für gutes Leadership.

Rahmen einer WDS zur gemeinsamen Entscheidungsfindung:

- Thema/Themen, die in der Organisation zur Entscheidung stehen und mit unterschiedlichen Personen/Interessengruppen abgestimmt sein sollten.

- Moderation

- Zeitrahmen ca. 4-6 Stunden

Wissenskonferenz:

Bei einer Wissenskonferenz geht es darum in einer Gruppe eine nachdrückliche Intervention durchzuführen. Neben den Zielen der Organisation verfolgt eine Wissenskonferenz immer Folgendes:

- Aufbrechen der vorhandenen Denkstrukturen

- Verstärkung des Gruppenzusammenhalts

- Gemeinsame Entscheidungsfindung in der Gruppe

Die Wissenskonferenz setzt die WDS in einen größeren Rahmen, der weitere Elemente umfasst:

- Nutzenanalyse

- Vorbereitung der Wissenskonferenz

- Themenauswahl/Themenhitliste

- Übersetzung der WDS-Ergebnisse in den Alltag (z.B mit der Methode *Aktionslandkarte*)

- Begleitung und Bewertung des Erkenntnistransfers in den Alltag

Rahmen einer Wissenskonferenz:

- Interventionsanlass in einer Organisation, z.B. havarierte Umstrukturierung oder der Kickoff zu einem internationalen Software-Implementierungs-Projekt.

- Alle Beteiligten kommen in einen Raum (außer Haus)

- Moderator(en)

- Zeitrahmen 1,5-3,5 Tage

Rapid Business Conference / Meeting (RBC/RBM)

RBM/RBC ist ein fixes Format mit der WDS als Kernmethodik. Die Konferenzen werden in offenen Gruppen, sprich mit Akteuren aus verschiedenen Organisationen durchgeführt und dienen dem Wissensaustausch und der Generierung von neuem Wissen.

Das Format stellt ein Thema und einen Experten zu diesem Thema ins Zentrum des Events. Das Thema wird vom Experten zuerst inhaltlich vorgestellt und anschließend mit allen Akteuren in einer Wissensdrehscheibe diskutiert, bewertet und dokumentiert.

RBM/RBC eignet sich z.B. als Rahmenprogramm bei Messen oder Fachkongressen.

Rahmendaten einer RBC:

Allgemeines Thema, z.B. Performancemanagement, Projektmanagement, Cross-Selling, War for Talents, Intuition im Management

- Experte
- Moderator
- Zeitrahmen ca. 4-6 Stunden

Kundenfokussierte Produktentwicklung

Dieses Format nutzt die WDS, um die Kommunikationshindernisse zwischen den Bereichen *Vertrieb*, *Produktmanagement*, *Service* und *Entwicklung* mit Hilfe des Blicks auf den konkreten Markt zu überwinden. Die Methode integriert ausgewählte Kunden in den Abstimmungsprozess zwischen den genannten Bereichen. Man kann es sich so vorstellen, dass die Zwistigkeiten zwischen den Funktionen direkt an der Realität (dem Kunden) gemessen werden.

Mit der Nutzung der WDS können interne Positionskämpfe verringert, wenn nicht sogar vermieden werden.

Nutzen:

- Reduzierte Entwicklungszeiten

- Marktorientierte Produkte

- Verbessern der Versorgungskette bis zum Kunden

- Konkretes Kundeninteresse fließt in die Produktentwicklung ein

Rahmendaten einer kundenfokussierten Produktentwicklung:

- Im Rahmen z.B. eines Produkttages oder eines Messeauftritts

- Unterschiedliche Interessengruppen (interne wie Vertrieb, Produktmanagement, Entwicklung und Service sowie externe wie Kunden, Vertriebspartner etc.) kommen zusammen

- Moderator(en)

- Zeitrahmen 0,5-1 Tag

DANKE

Wir, die Entwickler der Methode, bedanken uns vor allem bei unserem ersten Kunden. Er ermöglichte uns die detaillierte Dokumentation einer Wissenskonferenz und ihrer Nachwirkungen. Es war die erste Wissenkonferenz, die wir mit der WissensDrehScheibe als zentrale Methode durchgeführt haben. Und der Erfolg spricht bis heute für sich.

Wir bedanken uns ebenso bei allen Teilnehmern an unseren WissensDrehScheiben. Für alle war es eine neue Erfahrung, der sie sich geöffnet haben, ohne die Methode anzugreifen oder gar zu versuchen sie zu boykottieren. Mit ihrem Engagement konnten wir viel lernen und die Methode heute noch um einiges verbessert beschreiben, als wir uns das zu Beginn vorstellten.

Auch unseren Helfern, Kollegen und Kritikern gilt der Dank. Mit kritischen Fragen, Unverständnis und Neugier habt ihr uns dabei geholfen mehr von dem zu verstehen, was hinter den Kulissen der WissensDrehScheibe passiert. So lassen sich heute die Risiken effektiv begrenzen und die Chancen noch deutlicher nutzen.

Wir hoffen, dass die Publikation der Methode, soweit wir sie bisher kennen, dabei hilft, noch mehr erfolgreiche Wissens-DrehScheiben und Wissenskonferenzen durchzuführen und wünschen allen Anwendern viel Spaß, spannende Begegnungen und den erwarteten Erfolg!

Für Rückfragen zur Methode oder auch zur direkten Umsetzungsunterstützung stehen wir gerne bereit.

Resümee

Seit 2004 konnten wir eine Vielzahl weiterer Wissenskonferenzen durchführen und die WissensDrehScheibe in verschiedensten Situationen (auch international) anwenden. Alle diese Veranstaltungen haben gemeinsam, dass:

- die Akteure in kürzester Zeit mehr umsetzbare Ideen haben, als in allen anderen ihnen bekannten Formaten.

- mehr zutage kommt, als die üblichen Floskeln und Mutmach-Parolen.

- Tacheles geredet wird.

- ein emotionaler Zusammenhalt in der Gruppe entsteht. Er begründet sich auf (mit-)geteilte Werte und Überzeugungen.

- die Wirkung noch Wochen - teilweise sogar Monate - nach dem Event bewegt und beeinflusst.

- Veränderung in Echtzeit stattfindet.

- Selbstorganisation effektiv und effizient umgesetzt wird.

www.ingramcontent.com/pod-product-compliance
Lightning Source LLC
Chambersburg PA
CBHW071642170526
45166CB00003B/1392